PÈLERINAGE

A

NOTRE-DAME-DU-HAUT,

SUR LA MONTAGNE SAINTE DE RONCHAMP,

DIOCÈSE DE BESANÇON,

PAR

M. l'Abbé VAUCHOT,

Architecte du nouveau Sanctuaire de Marie.

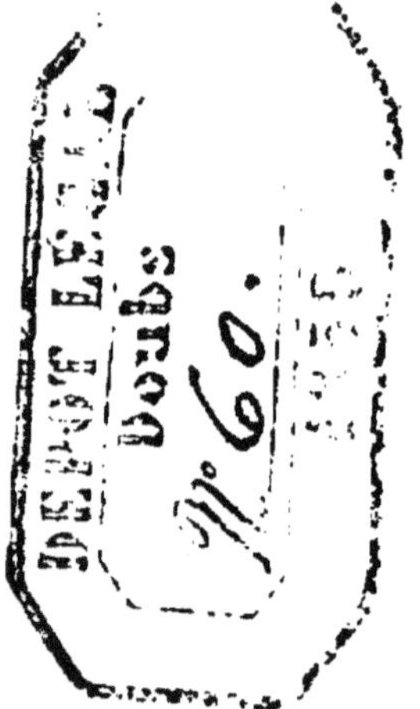

Respice stellam, voca Mariam.
Regardez l'étoile, invoquez Marie.
S. BERNARD.

BESANÇON,

CHEZ CORNU, LIBRAIRE-ÉDITEUR,

Rue Saint-Vincent, 31.

—

1859.

DÉDICACE

A NOTRE-DAME-DU-HAUT,

à Ronchamp.

O ma divine Bienfaitrice, je confesse qu'il y a trop longtemps que, comme le mauvais serviteur de l'Evangile, nous avons tenu cachés les dons précieux de votre bonté maternelle et les prodiges étonnants de votre toute-puissance auprès de Dieu. Le moment qui doit mettre le terme à notre indifférence et à notre ingratitude est enfin arrivé. Aujourd'hui que nous entendons de toutes parts raconter les faveurs signalées que vous avez accordées depuis tant de siècles, et que vous prodiguez encore chaque jour à ceux de vos serviteurs qui viennent sur cette montagne sainte implorer votre assistance, nos cœurs sont dans la joie et notre voix est impuissante à exprimer les sentiments qui nous animent. Parlez donc avec nous, parlez à notre place, vous tous qui avez vu et qui avez éprouvé les effets merveilleux du pouvoir et de la bonté de Marie vénérée dans ce sanctuaire antique. C'est ici, comme au temps de la vie mortelle de Jésus-Christ son divin Fils, que les boiteux sont redressés et les aveugles éclairés, que les captifs sont mis en liberté et les morts rendus à la vie; c'est ici, enfin, que les grâces les plus signalées sont obtenues. Tel est le langage que nous aimons à faire entendre au monde étonné, et si tous ceux qui ont été les objets des faveurs de Marie invoquée sous le titre de *Notre-Dame-du-Haut* veulent se réunir à nous, nous entendrons des milliers de voix s'élever de toutes parts pour publier les bienfaits de cette auguste Reine des cieux, pour nous raconter des choses admirables, comme nous le dit le prophète-roi : *Gloriosa dicta sunt de te, civitas Dei.* O pieux pèlerins, qui aimez à venir près de votre Mère, ne vous semble-t-il pas que c'est à vous spécialement que saint Bernard, ce grand serviteur de Marie, adresse ces paroles si remarquables : « Regardez votre étoile, invoquez Marie ; *respice stellam, voca Mariam* ; invoquez-la dans le péril, dans le doute et dans les plus violentes tentations. En suivant Marie votre étoile, vous ne vous égarerez point ; en priant Marie, vous ne serez jamais tentés de désespoir ; en vous appuyant sur Marie, vous ne tomberez point, et Marie vous étant propice, vous parviendrez au terme du vrai bonheur. » Jetez les yeux, pieux pèlerins, avec confiance et amour sur cet astre radieux qui vous éclaire du haut de ce sanctuaire auguste sur votre route. En regardant cette image qui brille là-haut dans les airs comme un soleil, ne lui adressez-vous pas avec les esprits bienheureux ces belles paroles des divines Ecritures : *Vous êtes, ô Marie, la gloire de Jérusalem, vous êtes la joie d'Israël, vous êtes l'honneur de votre peuple.* (Judith, xv, 10.)

O divine Marie, je dépose près de votre cœur maternel ce petit ouvrage, que j'ai composé sous vos auspices : Daignez, ma tendre Mère, recevoir ce faible hommage de ma reconnaissance, le féconder et lui donner la vertu de vous gagner le cœur de tous ceux qui le liront. C'est le vœu bien sincère du prêtre qui, pénétré des sentiments d'un respect profond, d'une confiance sans bornes, d'un tendre amour, a la douce satisfaction d'être,

MON AUGUSTE REINE,

De Votre Majesté

Le très obéissant et très dévoué serviteur,

C.-J. VAUCHOT,
Chapelain de Marie, à Ronchamp.

PÈLERINAGE

A NOTRE-DAME-DU-HAUT.

CHAPITRE Ier.

L'ancienne Chapelle.

La chapelle de *Notre-Dame-du-Haut*, autrefois Notre-Dame-de-Bourlémont, porte le millésime de 1308. Ce millésime, reconnu authentique, est conservé dans les archives de la bibliothèque de la ville de Besançon. Elle est bâtie à un kilomètre du village de Ronchamp, sur une hauteur qui termine la chaîne des montagnes connues sous le nom de Ballons-des-Vosges. Le plateau où elle est sise est un des points de vue les plus beaux que possède la Franche-Comté ; le regard découvre facilement, au couchant Langres, au levant le mont Saint-Bernard. Cette chapelle, qui servit d'église paroissiale jusqu'en 1751, tient le premier rang parmi les antiquités de la province. Au temps de funeste mémoire de 1793, la sainte chapelle fut vendue à un habitant de Luxeuil, comme furent vendus tant d'autres monuments de la piété des fidèles. Mais les habitants de Ronchamp, craignant que ce monument si cher à leurs pères ne vînt à être détruit, se hâtèrent de le racheter. Ce trait leur fait honneur, en attestant leur foi et leur piété envers la bienheureuse Vierge. Aussi Marie se plaît-elle toujours à accorder à ce peuple des faveurs signalées et à le préserver des calamités publiques.

Il est bien juste de remarquer que cette chapelle resta ouverte au culte pendant la grande révolution de France. Le saint sacrifice y fut célébré, des mariages y furent bénits, et la statue miraculeuse n'a pas même été déplacée de son trône, pendant que les autres monuments pieux tombaient sous les coups de l'impiété révolutionnaire.

L'époque de l'inauguration de la statue sur la montagne de Ronchamp est si reculée, qu'elle n'est pas connue; mais peu importe, elle est là, toujours debout, toujours protectrice. Sa matière est un bois dur; elle a environ trois pieds et demi de hauteur; elle tient son divin Enfant sur son bras gauche ; sa tête est doucement inclinée vers lui ; deux séraphins tiennent une couronne de fleurs suspendue au-dessus de son front. Le devant de son vêtement est couvert de croix d'or et de bijoux précieux que lui offrent les pieux pèlerins en reconnaissance des faveurs obtenues. Les *ex-voto* qu'on voit dans cette chapelle attestent le pouvoir et la bonté de Marie, ainsi que l'antiquité de cette statue miraculeuse.

Une tradition, conservée dans les contrées voisines, rapporte : 1° que cette chapelle fut bâtie à la place d'un de ces temples d'idoles si nombreux autrefois dans la Séquanie; 2° que cette substitution de Marie aux idoles a converti les peuples de ces contrées; 3° que cette chapelle remonte jusqu'au temps voisin du martyre de nos saints apôtres Ferréol et Ferjeux, et qu'elle fut construite sur une hauteur pour servir au culte chrétien naissant.

Qu'il est consolant de voir cette auguste Reine de l'univers, dans les premiers temps, réduisant en poudre les idoles et les faux dieux ! Qu'il est beau de la voir, au XVI° siècle, arrêtant les ravages de l'hérésie de Luther et de Calvin, qui envahit le pays voisin, lui disant comme autrefois Dieu dit à la mer : Tu ne viendras que jusque-là : *Hùc usque venies!* Qu'il est agréable, enfin, de voir cette puissante Reine, placée sur cette haute montagne comme dans une citadelle, résister à toutes les fureurs de 1793, rester ferme et tranquille sur son trône de grâce au milieu des tempêtes révolutionnaires, pour consoler et pour défendre comme une tendre mère ceux de ses enfants qui recourraient à elle dans ces jours de malheur !

CHAPITRE II.

Le nouveau Sanctuaire de Notre-Dame-du-Haut.

La foule des pèlerins qui accourent de toutes parts sur la sainte colline de Ronchamp, les faits merveilleux opérés par la Vierge bienfaitrice, ont inspiré à de pieux prêtres et à un grand nombre de fidèles le projet de construire un nouveau sanctuaire, plus vaste et mieux décoré que l'antique chapelle. Ce projet a été soumis à Son Eminence le Cardinal Mathieu, Archevêque de Besançon, si connu par son zèle et sa piété envers Marie. Il l'a approuvé comme une œuvre importante, propre à rendre de plus en plus florissant le culte de la très sainte Vierge dans son diocèse et même au delà. Voici la lettre qu'il écrivait depuis la capitale du monde chrétien :

« Rome, le 20 février 1843.

» Je recommande à messieurs les curés et aux âmes pieuses du diocèse la reconstruction de la chapelle de la très sainte Vierge , à Ronchamp, qu'entreprend M. Vauchot, curé de Ruffey.

» La dévotion à la sainte Vierge est celle de tous

les enfants de Dieu. Nos vénérés prédécesseurs ont mis le diocèse sous sa protection : la foi et la religion y fleuriront à proportion que Marie y sera honorée. C'est donc semer pour l'éternité que de donner à Marie dans le temps.

» † CÉSAIRE,

» *Archevêque de Besançon.* »

Dieu l'a voulu ainsi ; ce projet s'est réalisé, et nos pieux lecteurs savent que l'édifice est achevé. Cette église, en style ogival du XIIIe siècle, est ornée de quatre grands vitraux et de deux rosaces. Les vitraux représentent, le 1er Sainte-Marie-Majeure de Rome, image tracée par l'évangéliste saint Luc ; le 2e Notre-Dame-de-Lorette en Italie ; le 3e Notre-Dame-de-Fourvières en France ; le 4e Notre-Dame-des-Ermites, et rappellent ainsi les quatre sanctuaires les plus célèbres de la catholicité, élevés en l'honneur de la Vierge Marie. Dans la grande rosace au-dessus du maître-autel, on voit briller Marie montant au ciel : le dessus du tableau laisse apercevoir une couronne, puis ces paroles de l'Ecriture : *Veni, coronaberis.* Dans l'autre rosace qui orne le fronton de l'église, Marie avec son divin enfant, expose le chapelet à la vue des pèlerins, comme pour les exhorter à embrasser cette aimable et précieuse dévotion.

A l'extérieur, les quatre flèches supportent des séraphins, et au milieu des séraphins, s'élève, à 100 pieds du sol, toute brillante d'or, la grande statue de la Vierge, couronnée de douze étoiles et d'un soleil radieux. Aux mains de cette statue colossale, est la légende d'une mère qui dit à ses enfants : « Venez à moi, vous qui êtes fatigués, et je vous soulagerai, » et à sa base est une balustrade qui environne son trône, et d'où le voyageur curieux aimera promener au loin son regard sur l'horizon.

A l'intérieur, qui n'est pas achevé et qui attend sa décoration de la piété des fidèles, se fera remarquer l'autel principal de ce sanctuaire. La statue miraculeuse, richement ornée, sera placée sur un tabernacle d'un nouveau genre, sur lequel brillera le saint cœur de Marie. C'est ce cœur sacré qui renfermera la sainte Eucharistie et qui deviendra ainsi un emblème mystérieux de l'Incarnation et du Verbe fait chair pour le salut des hommes. Des reliques rares et précieuses de la vraie croix, des vêtements de la Vierge de Bethléem, offertes par le saint évêque de Fribourg, Mgr Ienny, orneront et enrichiront cet autel. Le tombeau représentera en relief Notre Seigneur dans le sépulcre et les instruments de la Passion.

Le second autel, dédié à saint Joseph, sera enrichi des reliques de ce saint protecteur. Son tombeau représentera en détail l'intérieur de la maison de Nazareth.

Le troisième autel, celui de l'ancienne cha-

pelle, est dédié à nos saints apôtres Ferréol
et Ferjeux et renferme leurs reliques. C'est sur
cet autel qu'est Notre-Dame-de-Pitié, pour
laquelle on conserve toujours une grande dévotion.

Près du nouveau sanctuaire, s'élève déjà une
croix éclatante et majestueuse, aux pieds de
laquelle sont la sainte Vierge et saint Jean.
C'est à ce nouveau Calvaire que se termineront
un jour les 14 stations du chemin de croix,
qui sera érigé aussitôt que les ressources le
permettront, dans le flanc de la sainte montagne.

CHAPITRE III.

Le Pèlerinage à Notre-Dame-du-Haut.

Il n'est point, dans le diocèse de Besançon, de
sanctuaire de Marie que le Seigneur ait envi-
ronné d'autant de gloire que celui de *Notre-Dame-
du-Haut.* Son antiquité reculée, l'affluence des
pèlerins que la piété attire de la Franche-Comté,
de l'Alsace, de la Lorraine et de plusieurs
autres provinces, aux pieds de cette bonne Mère,
les faveurs signalées, tant dans l'ordre de la
nature que dans celui de la grâce, qu'elle se
plaît à répandre de cette source de salut, en

ont fait un des plus célèbres pèlerinages de notre pays, et depuis la construction du nouveau sanctuaire on a la douce satisfaction de voir s'accroître de jour en jour le nombre des pèlerins qui, animés d'une vive foi, viennent se prosterner devant Notre-Dame. Quel spectacle attendrissant que celui de voir cette procession de fidèles de tout sexe, de tout âge et de toute condition, arriver à pas lents en silence ou en adressant déjà des prières au Ciel ! Ils entrent dans la sainte chapelle tout pénétrés de respect, et contemplent l'auguste souveraine dont ils viennent réclamer le puissant secours. Bientôt, prosternés au pied de son image, pleins de pensées de foi, de confiance et d'amour, ils exposent avec ferveur l'objet de leurs vœux. Ici, c'est une mère qui, levant ses yeux mouillés de larmes vers Marie, lui demande la santé d'un fils unique qui fait toute sa consolation. Là, c'est une autre Monique qui, gémissant sur les égarements d'un nouvel Augustin ou d'un époux, réclame le secours de celle qui dispose des grâces victorieuses qui changent les cœurs. Plus loin, c'est un infirme qui supplie, plus par ses soupirs que par ses paroles, la Vierge puissante de lui tendre cette main d'où s'échappent tant de guérisons. A côté de lui, j'aperçois une âme peinée que le frein de la religion retient encore, mais qui, entraînée par le penchant d'un cœur trop faible, se précipite vers l'abîme du péché. Non, on ne peut pas être témoin du pieux concours des fidèles en ce saint lieu sans être attendri jusqu'aux larmes. Personne ne peut monter sur la sainte colline avec des sentiments religieux sans en descendre meilleur. Combien de fois des âmes pieuses, versant de douces larmes de joie dans la sainte chapelle, disent en sortant, comme autrefois les apôtres sur le Thabor : Qu'il fait bon ici ! qu'on y goûte de douceurs ! C'est avec regret qu'il faut s'éloigner de la bonne Mère ; mais nous espérons revenir la voir le plus tôt possible.

CHAPITRE IV.

Faits merveilleux opérés par Notre-Dame-du-Haut.

Il est à notre connaissance un grand nombre de faits merveilleux opérés dans la chapelle de Ronchamp ; mais nous n'en signalerons ici que quelques-uns, nous réservant de détailler plus tard dans un ouvrage plus étendu les faits édifiants et nombreux que nous recueillons chaque jour.

Un jeune homme de la Côte, nommé André,

est fait prisonnier dans une guerre suscitée par des barbares. Se voyant chargé de fers et condamné à mort, il se recommande à *Notre-Dame-du-Haut*, dont il connaissait le pouvoir et la bonté. Aussitôt il est transporté miraculeusement de sa prison à la sainte chapelle, avec ses fers, qui tombent d'eux-mêmes de ses pieds et de ses mains. C'est une tradition connue de tout le monde dans ce pays, et ses fers restent encore suspendus à la chapelle comme *ex-voto* en mémoire de ce prodige. Cinq ou six générations se sont succédé dans la famille depuis cet événement ; mais les descendants vont encore exactement chaque année à la sainte chapelle remercier la bonne Vierge et lui offrir un cierge en reconnaissance de cette faveur.

Auguste Pierre, aussi de la Côte (Haute-Saône), fils de Jean-Baptiste Pierre et de Rosalie Requillot, âgé de cinq ans, fut atteint d'une maladie si cruelle, qu'il mordait les personnes qui s'approchaient de lui, et qu'il déchirait tout ce qu'il pouvait atteindre. Il avait entièrement perdu l'usage de la raison, et presque celui de la parole. Il ne tenait plus d'autre langage que celui-ci : *Tuez-moi, saignez-moi, étranglez-moi, enterrez-moi !* Tel fut son état déplorable pendant onze mois. Ses parents, pleins de foi, voyant l'art des médecins les plus habiles devenu inutile pour cet infortuné, le dévouèrent à *Notre-Dame-du-Haut*. Ils portèrent l'enfant malade à la chapelle, accompagnés d'Auguste Pierre, son parrain, de François Pierre, son oncle, et de plusieurs personnes encore existantes. En montant à la chapelle, l'enfant s'écrie : *A la bonne foi, à la bonne foi, à la bonne foi !* ce qui affermit l'espérance des parents. Arrivé à la chapelle, il change de couleur, il éprouve une hémorragie, et il prend ensuite quelque nourriture chez le gardien de la chapelle. De retour à la maison, on le met au lit, il dort pendant vingt-quatre heures, puis il se réveille parfaitement guéri.

Véronique, fille de Jean Bourquin et de Marie-Françoise Mourey, son épouse, était venue au monde sans vie, le 8 octobre 1811. Ayant été portée à la chapelle de la Vierge, elle y a reçu la vie et a été baptisée dans l'église de Ronchamp. L'acte de son baptême est consigné dans les registres de cette paroisse. Cette enfant a encore vécu quatre jours après son baptême. Ce fait est attesté par Jacques Bichet, son parrain, et par quantité de personnes encore vivantes.

Marie Mouge, femme d'Etienne Dumont, de Varogne (Haute-Saône), a été guérie d'une épilepsie, le 15 septembre 1849, par suite d'un voyage fait à *Notre-Dame-du-Haut.* Cette guérison miraculeuse est attestée par toute la paroisse de Varogne et par M. Bardot, curé.

Jean-Claude Fréchain, de la paroisse de Roye

(Haute-Saône), officier retraité, atteste qu'ayant souffert, pendant plus de cinq ans, d'un rhumatisme cruel, sans trouver aucun soulagement près des médecins, il se recommanda avec une foi vive à *Notre-Dame-du-Haut.* Sa nièce, qui le soignait, fit, il y a environ dix ans, le pèlerinage à la chapelle et obtint de suite, par ses ferventes prières, la guérison de son oncle; elle fut si radicale que depuis cette époque il n'a pas ressenti la moindre douleur. Les témoins de cette guérison sont Jean-Baptiste Vitte, maire de Roye, François Vitte, Pierre Guillaume, Julien Henri, et une multitude d'habitants du pays encore existants.

Celui qui n'ajouterait pas foi à des bienfaits aussi évidents, dit ce brave officier dans son rapport du 28 avril 1851, je le regarderais comme un impie, un homme sans religion. Pour moi, je ne passerai aucun jour de ma vie sans remercier de tout mon cœur la divine Marie d'une telle faveur.

CHAPITRE V.

Utilité des Pèlerinages.

Les pèlerinages nous fournissent le moyen de réveiller en nous les sentiments religieux, d'acquitter nos dettes envers la justice divine, et de nous affermir de plus en plus dans la foi et dans la pratique de toutes les vertus. Les pèlerinages ont existé dans l'ancienne loi : dans la nouvelle, la sainte Eglise les a maintenus, les a enrichis d'indulgences et de faveurs spirituelles; elle les regardait même autrefois comme une partie de la pénitence canonique, et les stations encore recommandées dans les jubilés ne sont autre chose que des pèlerinages.

Dans tous les siècles elle a accordé des faveurs à ceux qui visitaient, dans l'Orient, les monuments de la vie et des mystères du Sauveur, les sanctuaires qui rappellent sa Passion; mais Marie n'a pas été oubliée; elle a eu, dans la Terre sainte comme dans le reste de l'univers, des sanctuaires et des pèlerinages particuliers, qui se sont multipliés à la vue de ses bienfaits, et qui ont toujours été visités par ses pieux serviteurs.

L'utilité des pèlerinages ne peut pas être contestée. Qu'est-ce que s'y propose en effet le chrétien? Il pense avant tout à l'état de sa conscience ; il se dispose, par des sentiments de componction, à faire une bonne confession, à se réconcilier avec Dieu, et à ranimer dans son cœur son amour pour la vertu.

Le pèlerinage de la Vierge de Ronchamp est en particulier une source de salut pour les pécheurs, une source de consolations pour les affligés, et une source de grâces pour les âmes justes.

Parmi toutes les grâces extraordinaires obtenues à *Notre-Dame-du-Haut*, les conversions éclatantes qui s'y sont opérées et qui s'y opèrent encore, sont sans doute les plus grandes et les plus admirables.

Oui, par vous, Marie, ô grande médiatrice! les cieux et la terre ont été réconciliés en ce saint lieu; la miséricorde et la justice y ont célébré leur alliance. Ici, à vos pieds, les pécheurs se sont convertis, les justes se sont raffermis, et la joie des anges a été portée à son comble. Oh! infortunés pécheurs, quelle que soit l'énormité de vos crimes, ne désespérez pas aux pieds d'une telle médiatrice! Elle n'est que bonté, que tendresse, que douceur envers les pauvres humains; son cœur de mère la porte même jusqu'à chercher ceux qui la fuient; elle bénit ceux qui la maudissent; elle intercède pour ceux qui blasphèment contre elle, pour ses plus cruels ennemis; elle répand ses grâces d'un bout du monde à l'autre; tous les habitants du monde ressentent les heureux effets de sa clémence, comme ils jouissent tous de la lumière du jour.

Il arrive quelquefois que le pèlerin a surtout en vue d'obtenir des secours et des consolations temporels; mais ce n'est ici qu'une intention secondaire qui est dirigée par la foi, laquelle ne détruit point la nature, mais la purifie. Il est vrai encore que le pèlerinage ne sanctifie pas par lui-même; et il est néanmoins prouvé par l'expérience qu'une multitude de personnes ont changé de mœurs et se sont converties dans un pèlerinage bien fait.

En effet, à la vue des monuments qui racontent les bienfaits reçus du Ciel ou qui en promettent de nouveaux, la foi chrétienne peut-elle ne pas se réveiller? Peut-on être témoin du concours des fidèles dans ces saints lieux sans être touché? Les paroisses, les cités, les provinces entières ressentent les heureuses influences des pèlerinages. La foi y répand une lumière et la piété un parfum qui pénètrent les âmes.

Je finis ce chapitre par un passage extrait d'une bulle de Léon VIII :

« Léon, serviteur des serviteurs de Dieu. Il convient au siége apostolique d'accorder notre bienveillance à ceux qui mettent leur zèle pour la religion, et de les secourir charitablement de nos conseils et de notre assistance; car nous méritons auprès de Dieu une très grande récompense, lorsque, par notre moyen, les lieux de vénération et de piété s'augmentent et sont mis en meilleur état. »

CHAPITRE VI.

Réponse aux objections contre les Pèlerinages.

Il se glisse, sans doute, des abus dans les pèlerinages ; mais quelle est l'institution la plus sainte dont on n'abuse point ? Ces objections, pulvérisées si longtemps d'avance par les docteurs de l'Eglise, les Augustin, les Jérôme, ces objections, si bien réfutées par tous les auteurs ecclésiastiques, ne méritent pas notre attention. Dès qu'une pratique de piété est bonne et louable en elle-même, faut-il s'en éloigner parce que quelques-uns en abusent ? La faute d'un petit nombre, dit saint Jérôme, ne préjudicie pas à la religion.

Qu'on lise le concile de Trente : on trouvera, à la session xxv, la condamnation de ceux qui s'élèvent contre les pèlerinages, et on apprendra les règles à suivre pour prévenir ou pour retrancher les abus. S'il fallait réprouver une chose parce que quelques hommes en font un mauvais usage, il faudrait s'interdire l'Ecriture sainte, dont les novateurs abusent pour y trouver la confirmation de leurs erreurs. Il faudrait s'interdire les sacrements, la sainte messe ; il faudrait supprimer les dimanches, les fêtes, les missions ; il faudrait s'interdire les mets les plus sains, parce que quelques personnes abusent de toutes ces choses, si excellentes en elles-mêmes.

Il y a dans bien des paroisses, dit le vénérable évêque de Belley, des dévotions populaires qui tiennent à d'anciens usages, à de pieuses traditions. C'est une chapelle ou un autel de la sainte Vierge, de saint Joseph, de saint Antoine, etc., où l'on va en dévotion, où l'on arrive même de bien loin. Nous pensons qu'il faut entretenir ces pieuses pratiques, même quand elles donneraient occasion à quelques abus, parce que le démon pousse toujours à abuser de tout ce qui est bon. Le devoir du pasteur est de supprimer les abus, de les diminuer, du moins autant qu'il peut ; mais il y a autant de paresse que de zèle à supprimer les dévotions populaires plutôt que de les épurer.

Voici la réponse d'un de nos archevêques de France à un curé qui se plaignait des pèlerinages, en répétant l'objection des novateurs :

« Monsieur le curé, dit l'archevêque, le meilleur moyen de supprimer les abus d'un pèlerinage est de le rétablir dans sa première splendeur , et d'y ajouter , s'il est possible, un nouveau lustre pour le rendre de plus en plus florissant. C'est le vrai moyen de ranimer la foi et de la fortifier dans le cœur des fidèles. »

En voilà assez, pieux lecteurs, pour vous convaincre de l'utilité des pèlerinages, et pour réfuter d'une manière victorieuse toutes les objections. Nous devons nous en rapporter à la sagesse et la vigilance des premiers pasteurs. En suivant la doctrine de l'Eglise, toujours conduite par l'Esprit d'en-haut, nous nous garantirons toujours de tout abus, et nous ne nous écarterons jamais de la bonne voie.

———

Avant de terminer, nous ne pouvons nous empêcher de dire que nous espérons que le sanctuaire de Ronchamp prospérera comme tant d'autres sanctuaires de ce genre, placés sous la protection de la sainte Vierge. La charité des fidèles, qui ne s'est jamais manifestée d'une manière plus sensible que dans notre siècle, qui a fourni les ressources nécessaires pour commencer et pousser si loin cette belle œuvre, fournira encore les moyens de la mener à sa perfection. Le département du Doubs a répondu charitablement aux demandes qui lui ont été faites. Honneur à ses bons habitants ! Leurs noms sont écrits au livre de vie, entre les mains de Marie. Honneur aussi et mille fois honneur aux administrateurs et aux habitants de Ronchamp, qui, avec la piété et le zèle de leurs ancêtres pour la Vierge, ont voté des sommes considérables, et ont rendu des services immenses pour le transport des matériaux sur la montagne !

Pieux pèlerins, vous dites dans votre cœur généreux : Et moi aussi je serai heureux de payer ma dette de reconnaissance envers Marie. Oui, je veux participer pour quelque chose à l'œuvre sainte qui doit porter dans les siècles à venir un témoignage si éclatant de notre foi et de notre amour pour la Mère de notre Dieu. Je désire que mon nom soit gravé dans son cœur maternel. Je désire que Marie soit mon refuge contre l'impiété, l'indifférence et l'immoralité, comme elle fut autrefois, sur la sainte colline, le refuge de nos pères contre l'idolâtrie, contre l'erreur du xvie siècle, et contre l'impiété révolutionnaire de 1793.

Vos vœux, pieux pèlerins, seront exaucés. En portant vos regards vers la sainte montagne, écriez-vous avec une sainte joie : Voilà une cité sainte, voilà la tour imprenable de David, voilà la citadelle redoutable à nos ennemis ! Oui, Marie, du haut de ce trône qui domine sur les provinces et sur les nations, veille à notre sûreté et nous défend ; elle nous protégera sans cesse et repoussera toujours avec vigueur l'ennemi de notre salut. *In hoc signo vinces.*

Prières diverses à Notre-Dame-du-Haut.

AVANT LE PÈLERINAGE.

Je vais entreprendre ce voyage, ô mon Dieu, pour visiter en esprit de foi et avec confiance le vénérable sanctuaire de *Notre-Dame-du-Haut,* pour y pleurer mes péchés, pour en faire l'humble aveu et en obtenir le pardon, pour y chercher le remède à mes maux spirituels et temporels. Dieu tout-puissant, accordez-moi, s'il vous plait, un heureux voyage, un temps propice, et dirigez mes pas dans la longueur du chemin. Et vous, Marie, ma bonne Mère, le jour est enfin venu où j'aurai le bonheur de me transporter sur la colline sainte de Ronchamp, où vous vous êtes choisi une demeure de prédilection pour y prodiguer vos faveurs. Ah ! que mon âme se réjouisse et qu'elle embrasse volontiers les mortifications et les fatigues que ce voyage va lui présenter. O bonne Notre-Dame, soyez dès ce moment, après Jésus, l'unique objet de mes affections et de mes désirs. C'est là, aux pieds de votre image, que je vous parlerai cœur à cœur, et que vous exaucerez mes vœux. Que la paix et la bénédiction du Dieu tout-puissant soient avec moi et avec tous ceux qui m'accompagnent dans ce voyage. Au nom du Père, etc.

DANS LA SAINTE CHAPELLE.

Auguste Marie, mère de mon Sauveur, me voici donc au terme de mes désirs, prosterné dans ce sanctuaire auguste, où vous êtes depuis tant de siècles le doux objet de la vénération et de la confiance des fidèles, où vous ne cessez de dispenser des grâces sans nombre et si éclatantes. Que rien n'arrête ici l'ardeur que j'éprouve de vous honorer, de vous glorifier et de publier vos louanges ! O puissante Reine du ciel et de la terre, c'est ici que vous avez triomphé dès les premiers temps de l'idolâtrie et brisé les idoles des faux dieux ; c'est ici que vous avez repoussé les hérésies des derniers siècles et que vous avez résisté à toutes les fureurs de la révolution, restant ferme sur votre trône pour soutenir et consoler les fidèles dans ces temps malheureux. C'est ici que vous avez délivré autrefois les captifs de leur prison, que vous brisez encore tous les jours les fers des pécheurs infortunés, et que vous leur obtenez le pardon de leurs péchés en déchirant leur cœur par un sincère repentir. Ici, incomparable Marie, vous êtes toute à tous, dans toute sorte d'états et de conditions et pour toute sorte de besoins : vous redressez les boiteux, vous éclairez les aveugles, vous rendez la vie aux morts, vous consolez tous ceux qui sont dans l'affliction. Votre tendresse et vos miséricordes seront toujours incompréhensibles à notre égard.

PRIÈRE A NOTRE-DAME-DU-HAUT, QUI PEUT SE FAIRE EN TOUS LIEUX.

O Marie, puisque nous sommes tous vos enfants et que tous ceux qui vous visitent en ce saint lieu se trouvent réunis dans votre cœur maternel, je m'unis à eux par les liens de la charité chrétienne, afin que ma prière emprunte de leur ferveur ce qui lui manque. O Vierge sainte, que je trouve de douceur à venir à vos pieds, à vous prier, à vous nommer ma Mère, à vous confier mes peines, à verser dans votre cœur tous les secrets du mien! Je ressens pour vous une tendresse toute filiale.

Mère de miséricorde, je me prosterne (en esprit) dans votre auguste sanctuaire élevé sur la montagne sainte, devant cette image bénite et signalée depuis si longtemps par tant de prodiges. Ma confiance en vous est sans bornes, très douce Vierge. Je vous invoquerai toujours, parce que vous me consolerez toujours; je vous remercierai toujours, parce que toujours vous me soulagerez; je vous servirai toujours, parce que toujours vous m'aiderez; je vous aimerai toujours, parce que toujours vous m'aimerez et que toujours votre amour généreux dépassera mon espérance. O vous, le refuge des pécheurs, obtenez-moi le pardon de mes fautes, ne me refusez pas les grâces de conversion que vous avez déjà obtenues à tant de milliers de pécheurs. Vierge clémente, obtenez-moi vos vertus, et surtout une partie de votre amour pour Dieu et la persévérance finale.

Mère compatissante, je vous invoque dans les embarras où je me trouve présentement; vous voyez mes maux temporels et spirituels. A qui un enfant peut-il avoir recours avec plus de confiance qu'à sa Mère?

(Exposez ici simplement ce que vous désirez plus particulièrement pour vous et pour les autres.)

Consolatrice des affligés, secourez-moi comme vous avez secouru tant d'autres; faites que je sois délivré de mes peines, si c'est pour la gloire de Dieu et le salut de mon âme; ou, du moins, obtenez-moi la grâce de les supporter avec une parfaite résignation à la volonté de mon Dieu. Obtenez-moi aussi d'employer saintement le peu de temps qui me reste à vivre pour me préparer à une bonne mort. Ainsi soit-il.

LITANIES

De Notre-Dame-du-Haut.

Seigneur, ayez pitié de nous. *bis.* — Kyrie, eleison. *bis.*

Jésus-Christ, ayez pitié de nous. *bis.* — Christe, eleison. *bis.*

Seigneur, ayez pitié de nous. *bis.* — Kyrie, eleison. *bis.*

Jésus-Christ, écoutez-n. — Christe, audi nos.

Jésus-Christ, exaucez-n. — Christe, exaudi nos.

Père céleste, qui êtes Dieu, ayez pitié de nous. — Pater de cœlis, Deus, miserere nobis.

Fils de Dieu, Rédempteur du monde, ayez pitié de nous. — Fili Redemptor mundi, Deus, miserere nobis.

Esprit Saint, qui êtes Dieu, ayez pitié de nous. — Spiritus Sancte, Deus, miserere nobis.

Sainte Trinité, un seul Dieu, ayez pitié de nous. — Sancta Trinitas, unus Deus, miserere nobis.

Sainte Marie, qui appelez vos enfants affligés sur la montagne sainte pour les consoler et les guérir, priez pour nous. — Sancta Maria, miseros ad arcem vocans, ora pro nobis.

Sainte Marie, Fille auguste de Dieu le Père, priez pour nous. — Sancta Maria, æterni Patris Filia, ora pro nobis.

Sainte Marie, Mère très pure de Dieu le Fils, priez pour nous. — Sancta Maria, Mater Christi intemerata, ora pro nobis.

Sainte Marie, digne Epouse — Sancta Maria, Sancti

Spiritûs Dei Sponsa, ora pro nobis.

du Saint Esprit, priez pour nous.

Sancta Maria, miseros ad arcem vocans, ora pro nobis.

Sainte Marie, qui appelez vos enfants affligés sur la montagne sainte pour les consoler et les guérir, priez pour nous.

Sancta Maria, sine labe concepta, ora.

Sainte Marie, conçue sans péché, priez pour nous.

Sancta Maria, sanctuarium Divinitatis jucundissimum, ora.

Sainte Marie, sanctuaire de la Divinité, priez pour nous.

Sancta Maria, splendor aulæ cœlestis, ora.

Sainte Marie, la splendeur de la cour céleste, priez.

Sancta Maria, miseros ad arcem vocans, ora pro nobis.

Sainte Marie, qui appelez vos enfants affligés sur la montagne sainte pour les consoler et les guérir, priez pour nous.

Sancta Maria, amoris divini flamma, ora pro nobis.

Sainte Marie, flamme de l'amour divin, priez pour nous.

Sancta Maria, solium divinæ misericordiæ, ora pro nobis.

Sainte Marie, trône de la divine miséricorde, priez pour nous.

Sancta Maria, amore nostri flagrans, ora pro nobis.

Sainte Marie, brûlant d'amour pour nous, priez pour nous.

Sancta Maria, miseros ad arcem vocans, ora pro nobis.

Sainte-Marie, qui appelez vos enfants affligés sur la montagne sainte pour les consoler et les guérir, priez pour nous.

Sancta Maria, turris Ecclesiæ fortissima, ora pro nobis.

Sainte Marie, tour imprenable de la véritable Eglise, priez pour nous.

Sancta Maria, deletrix

Sainte Marie, qui avez

5.

brisé les idoles des faux dieux, priez pour nous.

idolorum, ora pro nobis.

Sainte Marie, plus redoutable à notre ennemi qu'une armée rangée en bataille, priez.

Sancta Maria, acies in monte tuo benè ordinata, ora pro nobis.

Sainte Marie, qui appelez vos enfants affligés sur la montagne sainte pour les consoler et les guérir, priez pour nous.

Sancta Maria, miseros ad arcem vocans, ora pro nobis.

Sainte Marie, qui avez repoussé et détruit l'hérésie, priez pour nous.

Sancta Maria, hæreseon destructio, ora pro nobis.

Sainte Marie, colonne de fer contre l'impiété, priez pour nous.

Sancta Maria, columna adversùs impios ferrea, ora pro nobis.

Sainte Marie, salut des chrétiens, priez pour nous.

Sancta Maria, salus credentium, ora pro nobis.

Sainte Marie, qui appelez vos enfants affligés sur la montagne sainte pour les consoler et les guérir, priez pour nous.

Sancta Maria, miseros ad arcem vocans, ora pro nobis.

Sainte Marie, qui foudroyez les démons, nos ennemis, priez pour nous.

Sancta Maria, victrix dæmonum terribilis, ora pro nobis.

Sainte Marie, qui délivrez les captifs de leur prison, priez pour nous.

Sancta Maria, captivorum liberatio, ora pro nobis.

Sainte Marie, qui nous arrachez à la puissance des ténèbres, priez pour nous.

Sancta Maria, eripiens nos de potestate tenebrarum, ora.

Sainte Marie, qui appelez

Sancta Maria, miseros

ad arcem vocans, ora pro nobis.

vos enfants affligés sur la montagne sainte pour les consoler et les guérir, priez pour nous.

Sancta Maria, mediatrix apud Mediatorem, ora pro nobis.

Sainte Marie, médiatrice toute puissante auprès de Jésus notre médiateur, priez pour nous.

Sancta Maria, vincula peccatorum solvens, ora pro nobis.

Sainte Marie, qui brisez les fers des pécheurs, priez pour nous.

Sancta Maria, tutela nostra in omnibus periculis, ora pro nobis.

Sainte Marie, notre défense dans tous les dangers de cette vie, priez pour nous.

Sancta Maria, miseros ad arcem vocans, ora pro nobis.

Sainte Marie, qui appelez vos enfants affligés sur la montagne sainte pour les consoler et les guérir, priez pour nous.

Sancta Maria, spes viventium, ora pro nobis.

Sainte Marie, l'espérance des vivants, priez pour nous.

Sancta Maria, auxilium agonisantium, ora pro nobis.

Sainte Marie, secours des agonisants, priez pour nous.

Sancta Maria, vita morientium, ora pro nobis.

Sainte Marie, la vie et la consolation des mourants, priez pour nous.

Sancta Maria, miseros ad arcem vocans, ora pro nobis.

Sainte Marie, qui appelez vos enfants affligés sur la montagne sainte pour les consoler et les guérir, priez pour nous.

Sancta Maria, juvamen in purgatorio languentium, ora pro nobis.

Sainte Marie, qui soulagez les âmes du purgatoire, priez pour nous.

Sainte Marie, port assuré de ceux qui font naufrage, priez pour nous.

Sainte Marie, qui redressez les boiteux, priez.

Sainte Marie, qui appelez vos enfants affligés sur la montagne sainte pour les consoler et les guérir, priez pour nous.

Sainte Marie, étoile brillante, qui éclairez les voyageurs, priez.

Sainte Marie, le refuge des pécheurs, priez.

Sainte Marie, qui répandez toutes sortes de bienfaits, priez.

Sainte Marie, qui appelez vos enfants affligés sur la montagne sainte pour les consoler et les guérir, priez pour nous.

Agneau de Dieu, qui effacez les péchés du monde, pardonnez-nous, Seigneur.

Agneau de Dieu, qui effacez les péchés du monde, exaucez-nous, Seigneur.

Agneau de Dieu, qui effacez les péchés du monde, ayez pitié de nous, Seigneur.

℣. J'ai élevé les yeux vers vos saintes montagnes, ô Marie !

Sancta Maria naufragantium portus, ora pro nobis.

Sancta Maria, pes claudorum, ora.

Sancta Maria, miseros ad arcem vocans, ora pro nobis.

Sancta Maria, lux viatorum, ora pro nobis.

Sancta Maria, refugium peccatorum, ora.

Sancta Maria, fons perennis omnium bonorum in monte, ora.

Sancta Maria, miseros ad arcem vocans, ora pro nobis.

Agnus Dei, qui tollis peccata mundi, parce nobis, Domine.

Agnus Dei, qui tollis peccata mundi, exaudi nos, Domine.

Agnus Dei, qui tollis peccata mundi, miserere nobis.

℣. Levavi oculos meos in montes.

℟. Unde veniet auxilium mihi.

℟. Car c'est de là que j'attends votre puissant secours.

OREMUS.

Concede, quæsumus, Domine, ut fideles tui qui sub beatæ Virginis Mariæ habitantis in monte sancto protectione lætantur, ejus piâ intercessione à peccatis et omnibus malis liberentur in terris, et ad gaudium sempiternum pervenire mereantur in cœlis. Per Dominum, etc.

ORAISON.

Dieu tout puissant, nous vous prions de nous accorder que tous les fidèles qui mettent leur confiance dans la protection de la bienheureuse Vierge *Ntre-Dame-du-Haut* soient, par son intercession, préservés de tout péché et des maux de cette vie, et qu'ils parviennent au bonheur éternel que vous nous réservez dans le ciel. Par J.-C. votre Fils. Ainsi soit-il.

ACTIONS DE GRACES APRÈS LE PÈLERINAGE.

Bénissez, ô mon âme, le Seigneur, pour ses ineffables bienfaits, que j'ai reçus dans ce saint lieu ; bénissez aussi la Mère du Très-Haut, l'auguste Marie ; trouvez dès ce jour vos délices à raconter tout ce qu'elle a fait pour vous, car c'est elle qui vous a regardée si tendrement tandis que vous gémissiez dans vos misères, qui a fait luire à vos yeux le premier rayon de la grâce, qui a essuyé vos larmes et rempli votre cœur de consolations. Enfin, bénissez Marie, parce qu'elle sera désormais et jusqu'à la mort votre grand refuge, votre soutien et votre mère. O mon Sauveur ! qui m'avez comblé de vos divines faveurs dans ce saint pèlerinage, je me propose ici, aux pieds de votre sainte Mère, ma divine protectrice, de mener une vie toute nouvelle, vie qui ne sera .plus désormais qu'un pèlerinage vers la céleste patrie ; et vous, ô glorieuse Mère de mon Sauveur ! vous serez après lui le plus doux objet de ma vénération, de ma confiance et de mon amour. Qu'il me coûte, ô Marie, de quitter votre sanctuaire, cet aimable asile de vos enfants, où j'ai éprouvé combien vous êtes douce, puissante et aimable ! Je dois retourner là où la divine Providence m'a placé, pour remplir désormais mes devoirs avec une nouvelle ferveur. O ma tendre Mère ! avant de m'éloigner d'ici, je dépose dans votre sein maternel toutes les grâces que j'y ai reçues. Je vous recommande ce qui m'intéresse le plus : les promesses que j'ai faites à mon Dieu de l'aimer davantage et de lui être fidèle jusqu'à la mort ; je vous recommande mon retour au sein de ma famille ; ne m'abandonnez pas dans ma route et dirigez tous mes pas.

Salut, ô Marie ! auguste Reine des cieux et trésor de l'univers. Salut, ô Marie ! Mère de mon Sauveur, vainqueur de l'enfer et de la mort. Salut, ô Marie ! par qui est sauvé tout esprit fidèle qui recourt à vous avec une ferme confiance.

NEUVAINE A L'HONNEUR DU TRÈS SAINT CŒUR DE MARIE.

Neuf Sentiments affectueux envers ce saint Cœur.

1° O Cœur très saint de Marie ! Cœur le plus parfait et le plus noble qui soit sorti de la main du Créateur après le Cœur de Jésus ; source intarissable de bonté, modèle de toutes les vertus, image parfaite du Cœur adorable de Jésus,

Embrasez mon cœur d'amour pour Jésus et pour vous, et convertissez les pécheurs. Je vous salue, Marie, etc.

2° O Cœur très saint de Marie, qui brûlâtes toujours de la plus ardente charité pour Dieu et pour les hommes, vous qui avez donné plus de gloire à Dieu par la moindre de vos affections que ne lui en ont procuré toutes les créatures par leurs actions les plus héroïques,

Embrasez mon cœur, etc. Je vous salue, etc.

3° O Cœur très saint de Marie, le siége de la paix, où la miséricorde et la justice se sont alliées, qui avez ressenti si vivement nos misères, qui avez formé tant de désirs ardents de notre bonheur,

Embrasez mon cœur, etc. Je vous salue, etc.

4° O Cœur très saint de Marie, qui êtes toujours dans les mêmes sentiments à notre égard, et qui méritez par là toutes les louanges, tout le respect et toute la tendresse des anges et des hommes,

Embrasez mon cœur, etc. Je vous salue, etc.

5° O Cœur très saint de Marie, prosterné humblement devant vous, je vous rends l'hommage le plus profond dont mon âme est capable, et je vous remercie des sentiments de tendresse et de compassion dont vous avez été si souvent touchée à la vue de mes misères.

Embrasez mon cœur, etc. Je vous salue, etc.

6° O Cœur très saint de Marie, je m'unis à toutes les âmes pures qui trouvent leurs délices à vous honorer, à vous louer et à vous aimer; elles ont appris du divin Esprit, qui les conduit, que c'est par vous qu'il faut aller à Jésus.

Embrasez mon cœur, etc. Je vous salue, etc.

7° O Cœur très saint de Marie, Cœur tout aimable, vous serez désormais l'objet de ma vénération et de mon amour; vous serez mon refuge dans mes besoins, ma consolation dans mes peines, et l'école sacrée où j'irai apprendre les leçons de mon divin Maître.

Embrasez mon cœur, etc. Je vous salue, etc.

8° O Cœur très saint de Marie, j'irai apprendre de vous l'humilité, la douceur, la pureté, la patience, le mépris du monde et de ses vanités, et surtout l'amour de Jésus. Je demanderai ces vertus par vos mérites, et j'espère les obtenir.

Embrasez mon cœur, etc. Je vous salue, etc.

9° O Cœur très saint de Marie, indignement outragé par les impiétés et les blasphèmes des hérétiques et des mauvais chrétiens, je mettrai ma gloire et tout mon bonheur à défendre vos priviléges et tous vos titres de grandeur. Je m'appliquerai à vous faire honorer, aimer, invoquer et imiter autant qu'il sera en mon pouvoir, le reste de ma vie.

Embrasez mon cœur d'amour pour Jésus et pour vous, et convertissez les pécheurs. Ainsi soit-il.

BESANÇON, IMPRIMERIE DE J. JACQUIN.